La maladie d'Alzheimer de Mamie Rose

Jocelyne Pouliot

Auteure : Jocelyne Pouliot
www.jesuiscapable.ca
jopouliot@globetrotter.net

Couverture : Christiane Brisson
chbrisso@globetrotter.net

Édition originale : juin 2012
La maladie d'Alzheimer de Mamie Rose

ISBN 978-2-9813947-5-0

Tous les droits de traduction, d'édition, d'impression, de représentation et d'adaptation, en totalité ou en partie, réservés pour tous les pays. La reproduction d'un extrait quelconque de cet ouvrage, par quelque procédé que ce soit, tant électronique que mécanique, notamment par photocopie ou par microfilm, est strictement interdite sans l'autorisation écrite de l'auteure.

En hommage à ma grand-maman, Léda Léveillé, grâce à qui j'ai appris l'amour, la compassion et le respect des personnes âgées atteintes par la maladie.

Lorsque j'étais toute petite, Mamie Rose était ma gardienne préférée. J'adorais me retrouver le matin devant la porte vert lime de sa maison.

Bella, son petit caniche blanc se lançait alors vers moi en sautillant comme une toupie en folie.

Puis, grand-maman me donnait son premier gros câlin de la journée en me disant : «**Bonjour MA GRANDE!** »

Mon frère Michaël nous saluait en se rendant au coin de la rue pour prendre l'autobus scolaire.

Puis, maman partait s'amuser avec les enfants de la maternelle, pendant que papa était déjà au sous-sol en train de dessiner à l'ordinateur.

Je ne comprenais pas pourquoi les adultes étaient payés pour s'amuser et pas nous, les enfants. Quand je le demandais à papa, il me répondait tout simplement : « Un jour, tu comprendras MA GRANDE! »

Heureusement, Mamie Rose connaissait bien mes goûts. Elle avait toujours la tête pleine d'idées pour ensoleiller mes journées.

Un matin, lors de la période de jeux libres, elle a dessiné sur des petits cartons, en forme de cœur, toutes nos activités préférées.

Par exemple, après une promenade au parc avec Bella, nous pouvions choisir de dessiner ou peindre, faire des casse-tête, jouer à des jeux de table, lire des histoires, chanter et danser; ou encore, jardiner tout en nourrissant ses joyeux petits oiseaux virevoltant près des nombreuses mangeoires.

Et de temps en temps, Mamie Rose avait des surprises. « **J'adorais ses surprises** »

Elle pouvait alors m'amener en autobus dans les grands magasins, à la bibliothèque, au cinéma, au parc animalier ou, tout simplement, jouer aux cartes avec son amie aux cheveux blancs qui habitait dans une énorme résidence.

Une autre activité que j'aimais beaucoup, c'était de faire la cuisine avec Mamie Rose. Maman et papa l'avaient surnommée « **LA REINE DES DESSERTS** ». Je ne comprenais pas pourquoi. Je ne voyais jamais de couronne sur sa tête.

Mais, je savais que Mamie Rose gardait toujours quelques desserts au congélateur pour la visite. Aussi, on cuisinait souvent mon dessert préféré, le gâteau au chocolat avec des petits fruits rouges cachés à l'intérieur. « Miam! Miam! »

5 ans

Cependant, quand j'ai eu 5 ans, Mamie Rose a commencé à avoir des comportements bizarres. Elle oubliait l'heure des collations et des repas ou m'offrait souvent de la nourriture, même si je lui avais déjà dit : « Non, merci ».

Puis, un jour, après la période de jeux, elle a rangé les boîtes de casse-tête sous son lit au lieu de les placer sur l'étagère. Quand je lui ai dit, elle s'est exclamée : **« Ha! Ha! Mamie est dans la lune »**.

Ça m'a fait rire la première fois, mais après un certain temps, je ne riais plus de ses erreurs. Je ne voulais pas lui faire de peine.

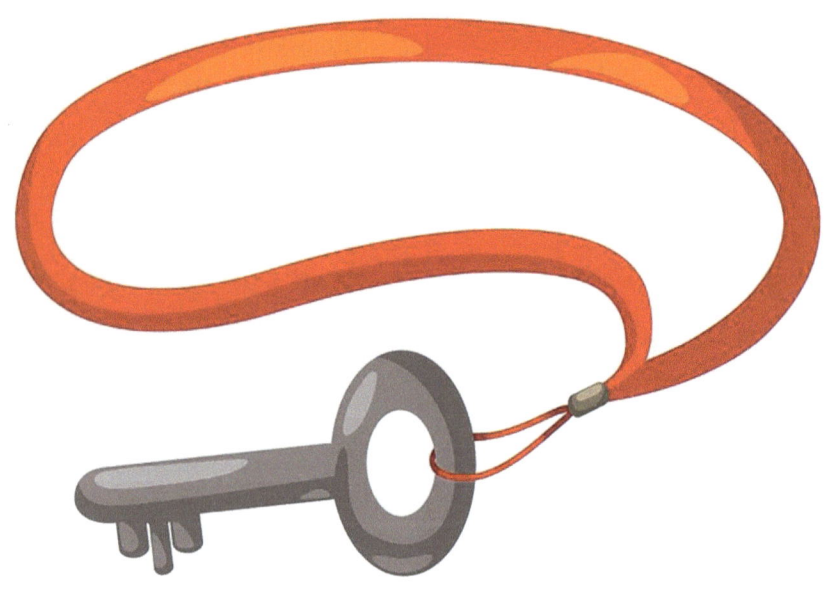

Aussi, quand on sortait au parc ou pour prendre l'autobus, Mamie Rose cherchait constamment sa clé de la porte d'en avant, ce qui nous mettait parfois en retard. Cette clé pouvait se retrouver un peu partout dans la maison, mais très souvent, je la voyais attachée à un ruban autour de son cou.

Quand on allait dans les magasins, elle ne se souvenait plus où trouver certains articles de sa liste. Une fois rendue à la caisse, elle paniquait par crainte d'oublier son numéro de carte de débit. Elle préférait maintenant payer ses achats en argent.

Enfin, quand on chantait ensemble, elle avait de plus en plus de difficulté à se rappeler les paroles de mes chansons préférées. Elle se mettait alors à chanter les chansons de son enfance qu'elle connaissait par coeur.

Un jour, lors de la collation, j'ai vu trois boîtes de sel placées à côté du lait dans son réfrigérateur. Pourquoi tant de sel et pourquoi au froid? Est-ce que Mamie Rose avait une nouvelle recette de dessert « salé »? Comme je ne comprenais pas, j'ai décidé d'en parler à papa et maman.

C'est alors qu'ils m'ont dit avoir remarqué eux aussi certains changements chez Mamie Rose. Cependant, ils n'avaient pas réalisé qu'elle avait autant de difficulté, pendant la journée, avec sa mémoire.

Puis j'ai eu droit à un SUPER gros câlin. Ça m'a fait tellement de bien de savoir qu'en me confiant ainsi j'allais aider Mamie Rose.

Dès le lendemain, papa a pris un rendez-vous avec le médecin pour savoir ce qui se passait avec ma grand-maman.

On m'avait trouvé, en attendant que je commence l'école, une autre gardienne plutôt gentille. Cependant, je m'ennuyais de Mamie Rose qui ne comprenait pas les raisons de mon départ et l'arrivée de sa fille, ma tante Emma.

Cette dernière s'est vite aperçue que Mamie Rose arrêtait peu à peu de faire ses activités habituelles. Elle ne semblait plus intéressée par la lecture, les mots croisés, la couture, la musique et même ses émissions de télévision préférées.

Un peu plus tard, les adultes de ma famille ont aussi remarqué qu'elle oubliait de nombreuses choses comme la date, les noms, les anniversaires, les numéros de téléphone et même ma délicieuse recette de gâteau au chocolat avec petits fruits.

Après une longue série d'examens, le médecin a annoncé à mes parents que Mamie Rose souffrait de **« la maladie d'Alzheimer »**. C'est une maladie du cerveau qui ne se guérit pas comme le rhume ou la grippe.

La partie malade est cachée derrière le front et contrôle sa mémoire, son jugement et même son humeur. Voilà pourquoi grand-maman avait de plus en plus l'air triste et frustrée. « Pauvre Mamie Rose! »

Comme l'a expliqué papa, son cerveau est comme une belle **ROSE** qui perd lentement ses jolis pétales. On ne peut empêcher une rose de perdre ses pétales, mais on peut lui fournir tout ce qu'il faut pour les garder le plus longtemps possible.

À la suite de cette consultation médicale, papa et maman avaient le choix d'offrir à Mamie Rose, soit d'habiter dans une résidence spécialisée, soit de venir vivre chez nous.

Papa en parla longtemps avec sa maman, Mamie Rose. Comme elle avait très peur de se retrouver parmi des étrangers et que son amie aux cheveux blancs n'y serait pas, elle décida de venir habiter chez nous.

Ainsi, elle pourrait continuer de s'occuper de son petit caniche et de faire ses succulents desserts, tout en sachant que papa est toujours présent au sous-sol. J'étais très heureuse de cette décision. Je pourrais voir Mamie Rose tous les jours. « **YOUPI** »

Lors de son déménagement, Mamie Rose était plutôt désorientée et confuse. Tous ses beaux vêtements et ses précieux articles avaient été placés dans la chambre d'amis, près du salon. Malgré tout, elle cherchait constamment quelque chose dans la salle de bain, dans la cuisine ou dans une autre pièce de la maison.

Par exemple, elle répétait souvent avant de sortir : « Où est-ce que j'ai mis ma planche à repasser? » Une grande partie de ses affaires avaient été données aux démunis, mais sa mémoire avait déjà tout oublié. Alors, on lui rappelait gentiment que la planche à repasser de maman était disponible, en tout temps, dans la salle de lavage.

« Ha! Je DÉTESTE cette maladie qui bouleverse tant Mamie Rose et toute ma famille. »

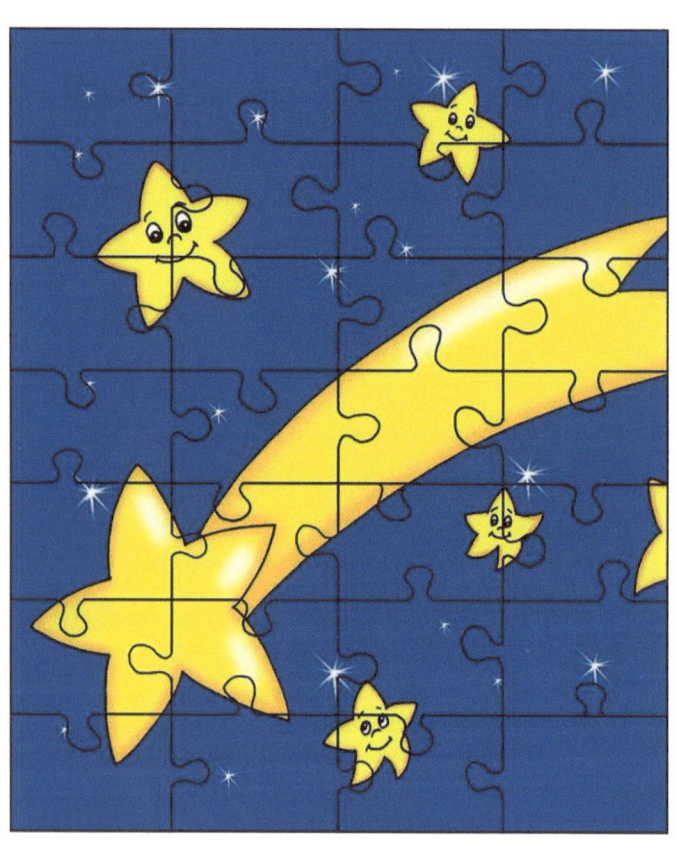

Lorsque Mamie Rose est devenue encore plus triste et perdue, maman a suggéré à toute la famille de faire des activités amusantes avec elle. Ainsi, elle serait davantage occupée et pourrait retrouver sa bonne humeur.

Alors, mon grand frère Michaël a offert de l'amener faire une promenade au parc avec Bella et de jouer aux cartes aussi souvent que possible. Moi, j'ai choisi de faire des casse-tête et de regarder les albums de photos avec elle, pour lui rappeler nos beaux moments passés ensemble.

Maman a décidé de préparer des desserts avec Mamie Rose et de s'occuper de son courrier. Papa est devenu le responsable de toutes ses courses et de ses rendez-vous.

Puis, quelques mois plus tard, papa et maman nous ont annoncé que Mamie Rose se levait la nuit pour faire à manger et que cela devenait dangereux pour toute la famille.

Mamie Rose devait déménager dans une résidence pour personnes atteintes de la maladie d'Alzheimer.

Des gens très gentils l'aideraient à prendre son bain, à se coiffer et à s'habiller, en plus de faire son ménage et son lavage. Aussi, tous les jours, une dame irait la chercher dans sa chambre pour les repas, les visites ou lui proposer les activités de la journée.

Enfin, Mamie Rose n'oublierait plus de prendre ses pilules, surtout ses précieuses « **vitamines pour la mémoire** ».

8 ans

Maintenant que je suis plus vieille, je ne vois Mamie Rose que les week-ends et les jours de Fête. Elle habite dans un superbe Manoir pour personnes non autonomes.

Elle m'appelle tout le temps « **LA PETITE** » et non plus « **MA GRANDE** ». Ça me fait un peu de peine, mais je sais que ce n'est pas de sa faute.

Son cerveau continue graduellement de se détériorer comme la rose qui perd lentement tous ses pétales. « Pauvre Mamie Rose! »

Alors, c'est à mon tour de lui apporter un délicieux morceau de gâteau au chocolat, puis de la prendre par la main pour une promenade avec Bella dans les couloirs ou dans la cour arrière. Mamie Rose adore revoir son petit caniche blanc, même si elle oublie trop souvent son nom.

Aujourd'hui, je comprends mieux que Mamie Rose continuera de changer à cause de la maladie d'Alzheimer. Cependant, je réalise aussi que j'aurai toujours une place spéciale dans son coeur. Savez-vous comment je le sais?

Je sens son **AMOUR**, quand nous nous promenons main dans la main, comme autrefois lorsque nous faisions nos sorties de « grandes ». On n'a même pas besoin de se parler pour se dire qu'on s'aime. **Mamie sait que c'est moi LILY-ROSE et que je l'aimerai TOUJOURS!**

FIN

PUBLICATIONS par Jocelyne Pouliot: www.amazon.com

Site : www.jesuiscapable.ca   Courriel : jopouliot@globetrotter.net
(Rimouski, Québec)

1 - **Chroniques SOLUTIONS ENFANTS (Tome 1)** – Problèmes de comportement (avril 2012)
2 - **Chroniques SOLUTIONS ENFANTS (Tome 2)** – Les peurs de l'enfant (avril 2012)
3 - **Problèmes d'ATTENTION et de CONCENTRATION -** 25 solutions efficaces   (mai 2012)
4 - **ATTENTION PROBLEMS –** 25 great solutions (May 2012)
5 - **La maladie d'Alzheimer de MAMIE ROSE**   (juin 2012)
6 - **GRANDMA ROSE: A story about Alzheimer's** (June 2012)
7 - **Attention aux TAQUINERIES!** - prévenir l'intimidation pour enfants de 5 ans + (juillet 2012)
8 - **STOP Teasing and Bullying!** - preventing bullying for children 5 years + (July 2012)
9 - **LA TOLÉRANCE pour avoir plus d'amis** (août 2012)
10 - **TOLERANCE - How to have more friends** (August 2012)
11 - **L'ESTIME DE SOI, un cadeau très précieux** – 40 secrets d'enfants (octobre 2012)
12 - **SELF-ESTEEM, a priceless gift** – 40 kids' secrets (October 2012)
13 - **L'ENFANT TIMIDE : Vaincre la timidité en développant la confiance en soi** – 40 trucs efficaces (novembre 2012)
14 - **THE SHY KID: Overcoming shyness and growing in self-confidence** – 40 great tips (November 2012)
15 - **Dessine-moi L'EMPATHIE** – 60 situations gagnantes (février 2013)
16 – **Teaching children EMPATHY** – 60 winning ways (February 2013)
17- **LA POLITESSE et l'enfant d'aujourd'hui** – 25 règles de base (mai 2013)
18- **LE BONHEUR ça s'apprend ENFANT** – 12 principes de vie (août 2013)
19- **PRÉVENIR L'INTIMIDATION dès la Petite Enfance** - (octobre 2013)
20- **Comprendre et Accompagner L'ENFANT AUTISTE** – 101 suggestions (mai 2014)
21- **Accompagner L'ENFANT EN DEUIL –** 30 suggestions (octobre 2014)